Literaturkritik bei Umberto Eco

Simon Schmidt

Bibliografische Information der Deutschen Nationalbibliothek:

Die Deutsche Nationalbibliothek verzeichnet diese Publikation in der Deutschen Nationalbibliografie; detaillierte bibliografische Daten sind im Internet über http://dnb.d-nb.de abrufbar.

ISBN: 9783656380696
Dieses Buch ist auch als E-Book erhältlich.

Das Buch bei GRIN: https://www.grin.com/document/209951

Inhaltsverzeichnis

1 Einleitung

Der deutsche Buchmarkt erfährt in den letzten Jahren eine stetige Expansion. Zwar ist die Zahl der „echten" Buchpremieren gesunken, die Gesamtzahl der erschienenen Titel (Erst- und Neuauflagen) ist aber weiter gestiegen. 2011 konnten 96.273 Novitäten verzeichnet werden.[1] Eine Folge davon ist, dass sich der deutsche Buchmarkt in einer Überproduktionskrise befindet, was zu einem hohen und immer schnelleren Umschlag der Literatur führt.[2] Der Zielgruppe der zugeneigten Leserschaft werden in immer kürzeren Abständen immer mehr Bücher präsentiert, was im Umkehrschluss bedeutet, dass jedes Buch ein immer kleineres Zeitfenster zur Verfügung hat, um die Aufmerksamkeit des Lesers zu erhalten.

Im Rahmen des Seminars „Neuerscheinungen der Frankfurter Buchmesse 2011" beschäftige ich mich in dieser Hausarbeit mit der Frage, was unter zeitgenössischer Literaturkritik zu verstehen ist und wie diese dem Leser bzw. Rezipienten helfen kann, die für ihn passende Literatur auszuwählen.

Im ersten Teil wird zunächst betrachtet, welche Methoden und Vorgehensweisen von Literaturkritikern genutzt werden, um mit aktueller Literatur umzugehen. Sind Literaturkritiken für den Rezipienten hilfreich, um gute von schlechter Literatur zu unterscheiden oder manipulieren sie bloß das Kaufverhalten der Leser? Welchen Ansprüchen müssen Kritiken genügen und können sie Orientierungshilfen geben?

Im zweiten Teil werden Rezensionen von dem im Seminar behandelten Buch „Umberto Eco – Der Friedhof in Prag"[3] betrachtet und verschiedene Positionen von Kritikern herausgearbeitet, um auf der Grundlage des ersten Teils Rückschlüsse auf die Arbeitsweise der Literaturkritiker ziehen zu können. Welches Bild wird von Umberto Eco gezeichnet? Sind die Kritiken verkaufsfördernd oder unsachlich? Lassen sich Ziele oder Absichten in den Rezensionen erkennen?

Zur Vereinfachung wird im Folgenden generell das generische Maskulinum verwendet. Als Rezipient wird der potenzielle Konsument der Literatur verstanden.

---

[1] Vgl.: http://www.boersenverein.de/de/182717. (letzter Zugriff: 30.12.2012)
[2] Vgl.: Löffler, 2003, S.13.
[3] Vgl.: Eco, 2011.

2 Zeitgenössische Literaturkritik

„Unter die größten Entdeckungen,

auf die der menschliche Verstand

in der neuesten Zeit gefallen ist,

gehört meiner Meinung nach wohl

die Kunst, Bücher zu beurteilen,

ohne sie gelesen zu haben."

Georg Christoph Lichtenberg (*1742; †1799)

Bevor nun Literaturkritik und ihre Wirkung untersucht wird, bedarf es einer allgemeinen Begriffsdefinition. Schuhmann und Träger bestimmen 1986 Literaturkritik als einzelne Werk-Besprechung sowie als Institution der literarischen Öffentlichkeit und des literarischen Lebens, die die Literaturverhältnisse eines Landes mitgestaltet.[4] „Diese Definition verweist auf den Gegenstand der Literaturkritik, das einzelne Sprachkunstwerk, und auf die gesellschaftliche Funktion der Literaturkritik im öffentlichen Leben einer Gesellschaft, die ihre Spezifik gegenüber anderen literaturwissenschaftlichen Teildisziplinen (Literaturtheorie, Literatursoziologie, Poetologie, Literaturgeschichtsschreibung u.a.) deutlich werden lässt."[5] Die Literaturkritik gilt allgemein als philologische Teildisziplin der Literaturwissenschaft und stellt im deutschen Sprachraum eine journalistische Rezensionstätigkeit dar, die sich – im Gegensatz zur akademischen, historisch orientierten Kritik - vorwiegend auf die Literatur der Gegenwart konzentriert.[6]

Die Literaturkritik greift als Institution der literarischen Öffentlichkeit in die vielgestaltigen und widerspruchsvollen Prozesse der Auseinandersetzung mit der literarischen Kunst ein. Der gesellschaftliche Stellenwert und der Aufgabenbereich der Literaturkritik sind historisch-konkret, das heißt durch die jeweilige Gesellschaftsformation und deren Entwicklungsstand begründet. Die Literaturkritik übernimmt auch einen Teil der Verantwortung für die Entfaltung des literarischen Lebens in der Gesellschaft, für die Rezeption des literarischen Erbes sowie für die Entwicklung und Ausprägung ästhetischer, moralischer Wertvorstellungen.[7]

---

[4] Vgl.: Schumann/Träger, 1986, S.305.
[5] Klauser, 1992, S. 32.
[6] Vgl.: Winter, 1975, S. 13.
[7] Vgl.: Klauser, 1992, S. 32f.

Bereits 1966 differenziert Hough die Literaturkritik in zwei grundsätzliche Verfahrens-weisen. Zum einen besteht die Aufgabe in der Aufhellung von Verständnisschwierigkei-ten, das heißt in der Erklärung schwieriger Vokabeln, Redewendungen oder syntaktischen Formen, während das zweite Verfahren in jedem literarischen Text einen verborgenen Sinn sieht, der durch die Aufhellung sprachlicher Schwierigkeiten allein noch nicht zuta-ge tritt, sondern vom Kritiker mit besonderen Methoden herauspräpartiert werden muss, wobei es notwendigerweise zu Werturteilen kommt.[8]

Abrams unterteilt 1971 die Kritik in vier Arten, wobei jeweils ein bestimmter Bezugs-punkt auschlaggebend ist:

1. Realität: Mimetische Kritik, die den Text an seinem Wahrheitsgehalt in Relation zur Wirklichkeit misst.

2. Autor: Expressive Kritik, die sich auf die psychische Konstellation des Autors konzentriert.

3. Text: Objektive Kritik, die den Text als autonomes Gebilde betrachtet.

4. Rezipient: Pragmatische Kritik, die den Text von Wirkungsabsicht und Rezeption her untersucht.[9]

„Die Literaturkritik schafft dem Buch Öffentlichkeit."[10]

Walter Hinck (*1922)

Literaturkritik ist öffentliche Kommunikation über Literatur. Ein Ziel der Literaturkritik ist es, dem Leser einen Zugang zu Belletristik und Sachbüchern zu vermitteln. Diese pub-lizistische Verarbeitungsform von Literatur führt zu einer Differenzierung zwischen Lite-raturkritik und Literaturwissenschaft.[11] Literaturkritik tritt dabei in verschiedenen Formen auf, wobei die klassische Rezension die häufigste Form ist. Weitere übliche Textformen sind das Essay, das Porträt, das Interview, die Reportage, das Feature, der Kommentar, die Glosse und das Literaturgespräch. In den letzten Jahren hat sich eine weitere Form der Literaturkritik etabliert, die aufgrund des multimedialen Fortschritts in Form des Internets entstanden ist. Diese Internetkritiken, wie sie beispielsweise auf der Versandhandelsseite „Amazon" zu finden sind, werden von Laien geschrieben, die interessierten und potenzi-

---

[8] Vgl.: Winter, 1975, S. 13.
[9] Vgl.: Ebd.
[10] Hink, 1983, S.15.
[11] Rokosz, 2009, S.11.

ellen Lesern eines Buches ihre persönlichen Leseerfahrungen mitteilen.[12] Im zweiten Abschnitt werden einige Rezensionen über „Der Friedhof in Prag" von dieser Seite exemplarisch dargestellt. Nachdem nun eine erste Definition von Literaturkritik Überblick über das Aufgabengebiet gegeben hat, soll nun der Hauptakteur dieses Fachgebietes betrachtet werden:

3 Der Literaturkritiker

Die Komplexität der Aufgabenstellung für die Literaturkritik und ihre damit verbundene gesellschaftliche Verantwortung, sowie dem Streben nach einer hohen Qualität literaturkritischer Aussagen veranlasst Literaturwissenschaftler, Kritiker und Schriftsteller immer wieder über Grundanforderungen an die Literaturkritik nachzudenken.

„Die Anforderungen an die Tätigkeit des Literaturkritikers resultieren aus den Aufgaben, die dem Literatur- und Kunstkritiker in einer bestimmten Gesellschaftsformation zukommen. Als eine angewandte gesellschaftswissenschaftliche Teildisziplin erfüllt die Literaturkritik eine wichtige kulturpolitische Funktion im geistig-kulturellen Leben einer Gesellschaft."[13] Da der Beruf des „Literaturkritikers" keine Ausbildung oder spezielles Studium voraussetzt und somit theoretisch von jeder Person ausgeübt werden kann, kommt die Frage auf, welche Maßstäbe zur Einordnung von Kritiken gesetzt werden, um gute von schlechten zu unterscheiden und welche Wirkung auf Rezipienten damit erzielt wird. Besteht ein Unterschied in der Akzeptanz von Kritiken, wenn der Autor bereits bekannt ist - wie bspw. Marcel Reich-Ranicki, Elke Heidenreich oder Hellmuth Karasek - oder der Verfasser einer Rezension dem Rezipienten völlig unbekannt ist?

Einen Kritiker kann man also nicht nach vorhandenen Kriterien definieren, da es keine fest definierten Voraussetzungen für einen Kritiker gibt. Nach Baumgart (2002) gibt es jedoch wichtigen Eigenschaften wie kritische Neugier, kritisches Temperament und Reaktionsbereitschaft, die einem Kritiker unterstellt werden können oder müssen. Hinzu kommen erlernbare theoretische Fähigkeiten wie Schreibtraining, Lektüre und Analyse fremder Kritiken und umfangreiche Kenntnisse über die Geschichte der Kritik.[14]

Kritik bedeutet nach Hinck in erster Linie Wertung. Dabei ist eine Kritik niemals frei von dem Einfluss anderer Wertungen und beinhaltet selbst bei einer Rezension über ein neu

---

[12] Rokosz, 2009, S.12.
[13] Klauser, 1992, S. 37.
[14] Vgl.: Baumgart, 2002, S.162f.

erschienenes Buch traditionelle Wertungen vorangegangener Rezensionen.[15] Somit kann es keine voraussetzungslose Literaturkritik geben, da ein kritisches Urteil immer aus Selbständigkeit und Vorprägung besteht. Der Kritiker tritt als eine Art Vermittler zwischen Autor und Leser auf und lenkt die Aufmerksamkeit des Lesers durch seine Rezension auf das Buch.[16] Baumgart geht dabei noch einen Schritt weiter als Hinck und sagt, dass das kritische Urteil auf Vorurteile angewiesen ist. Aufgrund des persönlichen Weltwissens durch alle erworbenen Leseerfahrungen stellen sowohl Kritiker als auch Leser spezifische Ansprüche und Erwartungen an die Literatur und können somit niemals vorurteilsfrei sein.[17] Ähnlich argumentiert Schmidt 1983, für den das Verhältnis des Kritikers zum Werk eine wichtige Rolle spielt, „denn auch auf der Basis objektiver Bewertungskriterien bleibt die einzelne Kritik immer eine individuelle Aussage über das Werk. Der Kritiker sollte sich deshalb trotz der Forderung nach Einhaltung objektiver Bewertungsmaßstäbe nicht scheuen, sein persönliches Urteil darzulegen und der Kritik ein subjektives Gepräge zu verleihen. Dies zu unterlassen, macht die Kritik ärmer und keineswegs geschlossener."[18]

Mit der Werkanalyse muss der Literaturkritiker fähig sein, „das Kunstwerk in seiner ästhetischen Potenz, im Reichtum aller seiner Beziehungen zu erfassen, und er muß [sic] in der Lage sein, sich in angemessener Weise darüber zu äußern."[19] Durch die ständig veränderten gesellschaftlichen Rahmenbedingungen muss der Kritiker sich immer wieder aufs Neue mit den grundlegenden Bestimmungsgrößen seiner Tätigkeit auseinandersetzen, um diesen umfangreichen Anforderungen zu entsprechen.

Neben der Subjektivität der Kritiken stellt sich nun die Frage nach dem Einfluss auf die Leser und den Erfolg des Buches durch den Kritiker. Zunächst lassen sich zwei entscheidende Aspekte hervorheben, die Einfluss auf die Wirkung einer Kritik haben: Das Medium, in dem die Kritik veröffentlicht wird und der Autor selbst.

Einige wenige sehr bekannte Literaturkritiker, wie der bereits angesprochene Marcel Reich-Ranicki, besitzen eine deutlich stärkere Macht der Massenbeeinflussung als unbekannte Kritiker und können Büchern eher zum Erfolg oder Misserfolg verhelfen. Reich-Ranicki gilt wohl als bekanntester, erfolgreichster und einflussreichster aber auch als umstrittenster Literaturkritiker der heutigen Zeit. Er selbst sieht in der Person des Kritikers

---

[15] Vgl.: Hinck, 1983, S.18.
[16] Vgl.: Ebd., S.24f.
[17] Vgl.: Baumgart, 2002, S.163.
[18] Schmidt, 1983, S.134.
[19] Ebd., S.136.

keine derart große Machtstellung, mit der man „ein lebendiges literarisches Kunstwerk vernichten oder ein totes beleben könne."[20] Vielmehr solle ein Kritiker „Erkenntnisprozesse und Entwicklungen anregen und einleiten, begünstigen und beschleunigen und freilich auch hemmen."[21] Laut Baumgart ist ein Literaturkritiker nicht dafür da, um Leseempfehlungen zu formulieren und somit als Buchhändler aufzutreten. Vielmehr solle sich der Kritiker darüber im Klaren sein, dass er durch seine Arbeit die Erfolgschancen eines Buches beeinflussen kann, wobei der Einfluss – wie bereits erwähnt – von seiner Stellung im Literaturbetrieb, seinen Argumenten und dem gewählten Medium abhängt. Besonders Personen wie Reich-Ranicki beeinflussen durch ihre Position und Bekanntheit in den Medien die Rezipienten in ihrer Meinungsfindung. Daher müsse ein Kritiker marktunabhängig schreiben.[22]

In der Praxis lassen sich auffällig häufig implizierte, sprachliche Wertungsformen konstituieren. Laut Köhler finden sich in Rezensionen oft vorsichtige Formulierungsweisen in Form von Relativierungen oder graduellen Einschränkungen der eigenen Wertung.[23] Zudem werden Wörter mit wertenden und beschreibenden Bedeutungsanteil genutzt. Es bedarf in der Regel umfangreicher Kenntnisse über sprachliche Codes der zeitgenössischen Literaturkritik und einer differenzierten Analyse einzelner lexikalischer Mittel um einordnen zu können, ob beispielsweise Adjektive wie *blumig*, *extravagant* oder *schnell* in Rezensionen beschreibend und/oder wertend beziehungsweise mit positiver oder negativer Konnotation, benutzt werden.[24] Laut Köhler muss bei der Entscheidung, ob ein Adjektiv kontextuelle Wertbedeutung enthält, intuitiv vorgegangen werden, was jedoch nicht zu einer wertungsanalytischen Willkür führen darf.[25] Zur Rekonstruktion von Wertung bedarf es also immer eines Kontextwissens. „Auch wenn literaturkritische Wertungen nicht immer eindeutig rekonstruiert werden können, sind Wertungen unter Rekurs auf dieses Kontextwissen für eine wissenschaftliche Wertungsanalyse zugänglich und nicht ausschließlich ein Resultat der Intuitionen des Rezipienten von Literaturkritiken."[26]

Betrachtet man nun den Einfluss des Mediums, lassen sich drei signifikante Arten erkennen, die als Massenmedien bezeichnet werden, da sie öffentlich und für jeden frei zugäng-

---

[20] Reich-Ranicki, 1984, S.44.
[21] Ebd.
[22] Vgl.: Baumgart, 2002, S.160.
[23] Vgl.: Köhler, 1999, S.116.
[24] Vgl.: Buck, 2011, S.203.
[25] Vgl.: Köhler, 1999, S.94.
[26] Buck, 2011, S.203.

lich sind: Printmedien, Fernsehen und Internet. Das immer noch am häufigsten genutzte Medium stellt die Zeitung als Printmedium dar, wobei eine Unterscheidung in Fach- und in Publikumszeitschriften sinnvoll ist. Fachzeitschriften sprechen eine ausgewählte Leserschaft an, die meist literatur-interessiert ist und somit eine eher homogene Personengruppe darstellt. Publikumszeitschriften, die nicht spezialisiert auf Literatur sind, sondern auch andere Themengebiete aufgreifen (z.B. „Stern"), sind mit einer eher heterogenen Leserschaft konfrontiert, deren literarische Vorbildung stark variieren kann

Erwähnenswerte TV-Produktionen sind beispielsweise „Das literarische Quartett" mit Marcel Reich-Ranicki und Helmuth Karasek oder „Lesen!" mit Elke Heidenreich.

Zusammenfassend lässt sich festhalten, dass Literaturkritik jede Art von kommentierender, urteilender, denunzierender oder werbender Äußerung über Literatur darstellt und Literaturkritiker einen starken Einfluss auf das literarische Leben einer Gesellschaft besitzen. Die Printmedien besitzen immer noch den größten Anteil und den größten Einfluss, wenn es für den potenziellen Leser darum geht, Kaufentscheidungen zu treffen.

Nachdem generelle Fragen zur Literaturkritik und den handelnden Personen besprochen wurden, soll nun der Blick auf Umberto Eco gerichtet werden, der mit seinem Buch „Der Friedhof in Prag" im Rahmen des Seminars behandelt wurde.

4 Umberto Eco

„Texte sind nicht unendlich deutbar,
weil sie selbst endliche Systeme sind.
Umberto Eco (*1932)

Umberto Eco polarisiert. Wie von kaum einem anderen Schriftsteller werden die Werke in den Himmel gelobt und in der Hölle zerrissen. In diesem Abschnitt werden ausgewählte Kritiken über seine Werke und seine Person dargestellt, wobei deutlich wird, dass der Hauptanteil der Rezensionen und Kritiken sich mit dem Autor selbst (Expressive Kritik)[27] beschäftigt.

---

[27] Siehe Kapitel 2.

Seine Verlegerin und langjährige Vertraute Inge Feltrinelli sagte über ihn in der Süddeutschen Zeitung: „So ist er eben. Ein Mann, der hinter einer manchmal kratzbürstigen Art des Auftretens Schüchternheit versteckt. Er ist ein bisschen dicker, trinkt ein bisschen weniger, aber im Grunde ist er derselbe Umberto Eco, den ich seit vierzig Jahren kenne." Sie kenne bedeutende Autoren, die nach Weltauflagen viel Geld verdienten und unerträglich eitel geworden wären. Eco aber sei „weiterhin der nette, im Grunde bescheidene Intellektuelle aus Alessandria geblieben". Er ziehe sich noch genauso schlecht an wie früher, „nie ist er mal zu einem Schneider gegangen und hat sich tolle Anzüge machen lassen."[28]

„Ein Roman kann scheitern, weil sein Autor nichts zu erzählen hat. […] Weil ihm keine Figuren eingefallen sind. Weil er faul war und zu wenig über die erzählten Sachgehalte nachgedacht hat. Weil er sich zu früh mit sich zufriedengab, weil er Abziehbilder abgezogen hat, weil er affektiert ist oder humorlos oder langweilig oder dumm oder hartherzig. […] Aus keinem der genannten Gründe könnte ein Roman Umberto Ecos jemals scheitern. Belesen, denkend, fleißig, witzig, konversationsfreudig und also empfindlich gegen Langeweile ist Eco sowieso."[29] Während Jürgen Kaube in der FAZ dem Autor eine Art Freibrief für jegliche Werke erteilt und eine Garantie für unterhaltsame und hochwertige Literatur verspricht, vertritt der Laienkritiker „jambus" auf der Verkaufsplattform Amazon die gegenteilige Meinung: „Genau genommen hat Eco nur ein einziges lesbares Buch geschrieben: "Der Name der Rose". Alles, was er danach veröffentlichte, ließ eine stete Steigerung seiner Selbstverliebtheit erkennen. Der Friedhof in Prag stellt den vorläufigen Höhepunkt dieser Entwicklung dar. Eco interessiert sich weder für seine Geschichte noch für seine Leser. Einzig der Wunsch nach öffentlicher Bewunderung für seine enzyklopädischen Kenntnisse scheint den Autor zu motivieren; nichts anderes treibt den Text voran."[30] Die Polarisierung wird hier besonders deutlich. Man scheint Eco zu lieben oder zu hassen, eine andere Möglichkeit gibt es nicht. Der Name Umberto Eco ist somit Fluch und Segen zugleich, denn bereits die Tatsache, dass sein Name auf dem Buch steht, scheint Grund zu sein, ob man das Buch liest oder nicht. Eine beispielhafte Bestätigung dieser These findet sich in der TV-Sendung „Das literarische Quartett" mit den bereits

---

[28] Klüver, 2010, URL: http://www.sueddeutsche.de/kultur/umberto-eco-signor-zigarrenstummel-1.877125. (letzter Zugriff: 05.01.2013)

[29] Kaube, 2011, URL: http://www.faz.net/aktuell/feuilleton/buecher/rezensionen/belletristik/umberto-eco-der-friedhof-in-prag-der-zettelkasten-des-weisen-von-mailand-11483781.html. (letzter Zugriff: 05.01.2013)

[30] Jambus, 2012, URL: http://www.amazon.de/review/R35O2CYDQTPXJZ/ref=cm_cr_rdp_perm. (letzter Zugriff: 21.01.2013)

oben erwähnten Literaturkritikern Marcel Reich-Ranicki und Hellmuth Karasek, die 1990 mit Jurek Becker über Umberto Eco sprachen:

„**Marcel Reich-Ranicki:** Herr Becker, Ihr Schweigen beunruhigt mich etwas. **Jurek Becker:** Das verstehe ich gut. Sie haben der Not gehorchend dieses Buch gelesen. **Marcel Reich-Ranicki:** Ja. **Jurek Becker:** Ich habe der Not widerstanden, ich habe das Buch nicht gelesen. Das ist eigentlich der Grund, warum ich mich dazu nicht äußern sollte, obwohl das in dieser Runde normalerweise kein Hindernisgrund ist. (Das Publikum lacht) **Hellmuth Karasek:** Woher wissen Sie das? (lacht ebenfalls) **Marcel Reich-Ranicki:** Diese Unterstellungen sind arg. Ja, ja. **Jurek Becker:** Ich möchte aber vielleicht ein Wort zu den Gründen sagen, warum ich das nicht gelesen habe. **Marcel Reich-Ranicki:** Los. **Hellmuth Karasek:** Haben Sie es denn versucht wenigstens? **Jurek Becker:** Nein. **Hellmuth Karasek:** Ach so. **Jurek Becker:** Ich habe den *Namen der Rose* von der ersten bis zur letzten Seite gelesen und hatte danach den Eindruck, ich habe einen Teil meiner Lebenserwartung, der groß genug ist, in Eco investiert, und mehr ist da nicht, mehr gebe ich nicht her. Ich meine, wie lange lebt man?" [31] Sind die Werke von Umberto Eco also Verschwendung von Lebenszeit oder muss man sich als Leser der Herausforderung stellen, die komplexen und anspruchsvollen Schriften zu verstehen? Lothar Schröder schreibt dazu: „"Der Friedhof in Prag" ist ein ziemlich harter Brocken. Und wenn Umberto Eco einräumt, er versuche, mit jedem Buch komplizierter zu werden, "um die Leser abzuschrecken", so muss man ihm zubilligen, sich diesmal sehr angestrengt zu haben."[32] Auch zu dieser Position lässt sich auf Amazon eine gegenteilige Meinung finden: „Es lohnt sich also, wenn man beim Lesen Zeit und eigenes Denken investiert, und gelegentlich auch mal irgendwo nachschlägt, so wie es auch der Autor beim Schreiben dieses Buches getan haben wird."[33] Auch Peter Mohr schreibt auf dem Internetportal „Literaturkritik.de" von der besonderen Person Umberto Eco, die durch seinen Schreibstil etwas Besonderes erschafft: „Ecos einzigartiges Erfolgsrezept besteht darin, dass er es wie kaum ein anderer

---

[31] Vgl.: Das literarische Quartett ausgestrahlt im ZDF am 12.02.1990.
URL: http://www.youtube.com/watch?v=aRlbYx12MGs. (letzter Zugriff: 05.01.2013)
[32] Schröder, 2011, URL: http://www.rp-online.de/kultur/mehr_kultur/buch/Umberto-Eco-im-Erzaehl-Labyrinth_aid_1025974.html. (letzter Zugriff: 05.01.2013)
[33] Grabowski, 2011, URL:
http://www.amazon.de/review/RUHFA12NKQ9Q0/ref=cm_cr_pr_perm?ie=UTF8&ASIN=3446237364&linkCode=&nodeID=&tag= (letzter Zugriff: 21.01.2013)

Autor versteht, mit leidenschaftlicher Faszination und spielerischer Raffinesse philoso-phische Fragen in ein spannend zu lesendes literarisches Korsett zu integrieren."[34]

Betrachtet man alle Bewertungen auf dem Internetportal Amazon, ergibt sich ein ausge-glichenes Bild von positiven und negativen Kritiken. Von insgesamt 79 Rezensionen (Stand: 21.01.2013) sind 17 mit fünf Sternen (Maximum) und 18 mit einem Stern (Mini-mum) bewertet worden. Auffällig ist dabei, dass besonders bei den negativen Kommenta-ren es zu fortführenden Diskussionen gekommen ist, wobei die positiven Kommentare von anderen Nutzern eher unbeachtet geblieben sind. Negative Kommentare scheinen hier eher zur Diskussion anzuregen, wobei der Eindruck entsteht, dass es in erster Linie um die Person Umberto Eco als um den Inhalt des Buches „Der Friedhof in Prag" geht.

Liegt der Grund der großen Anzahl an negativen Kritiken nun darin, dass Umberto Eco den Leser absichtlich überfordern will, oder ist „Der Friedhof in Prag" unverständlich und langweilig, wie Gustav Seibt in der Süddeutschen Zeitung schreibt: „Der Schriftsteller der Aufklärung macht es sich zu leicht: Umberto Ecos Schauerstück "Der Friedhof in Prag" über die angeblichen Protokolle der Weisen von Zion ist als Roman bestenfalls ein Fehl-schlag von Rang. Denn der historische Hintergrund ist nur mit Begleitliteratur verständ-lich. Und die eigentliche Geschichte ist langweilig."[35]

Auch ich habe mich mit dem Buch „Der Friedhof in Prag" eher schwer getan. Besonders am Anfang hatte ich enorme Schwierigkeiten, der Handlung zu folgen und einen roten Faden zu erkennen. Das Thema und der Autor waren meine Beweggründe, warum ich mich in dem Seminar für dieses Buch entschieden hatte. Dabei war ich gegenüber Um-berto Eco unvoreingenommen und muss im Nachhinein betrachtet leider sagen, dass ich kein Freund seiner Schreibweise geworden bin. An vielen Stellen waren mir die Anmer-kungen und Hinweise zu historischen Ereignissen zu kompliziert und aufgrund fehlenden Geschichtswissens nicht zugänglich. Die eigentliche Geschichte war mir aufgrund feh-lender Höhepunkte zu langatmig. Mir stellte sich ständig die Frage, wann denn endlich etwas passieren würde und zeitweise verlor ich die Lust am Lesen. Im Nachhinein be-trachtet hat mir das Buch aber nicht die Freude an Literatur genommen, nur Umberto Eco wird auf meiner Liste, der noch zu lesenden Bücher, eher nicht auftauchen.

---

[34] Mohr, 2012, URL: http://www.literaturkritik.de/public/rezension.php?rez_id=16243&ausgabe=201201. (letzter Zugriff: 05.01.2013)
[35] Seibt, 2011, URL: http://www.sueddeutsche.de/kultur/der-friedhof-in-prag-von-umberto-eco-entgifter-verlangt-extra-studium-1.1157648. (letzter Zugriff: 05.01.2013)

5 Fazit und Ausblick

Es gibt keine Schablone für die *richtige* Literaturkritik. Jede Kritik an einem Werk beinhaltet immer eine persönliche Note vom Verfasser und kann somit wiederum selbst kritisiert werden. Umberto Eco nimmt in dem riesigen Literaturmarkt eine stark polarisierende Rolle ein. Fraglich bleibt bei all den Kritiken über ihn und seine Werke, ob diese aufgrund von Sympathien oder Abneigungen gegenüber seiner Person, oder diese aufgrund seiner durchaus komplizierten und schwer zu erfassenden Inhalte (besonders im Buch „Der Friedhof in Prag") verfasst wurden. Objektivität ist ja, wie bereits erörtert, nicht der entscheidende Faktor einer Kritik. Vielleicht ist aber auch gerade diese Divergenz der Rezensionen das Spannende und Interessante an der Literaturkritik. Jede Meinungsverschiedenheit und konstruktive Diskussion über ein gelungenes oder missratenes Werk eines Autors fördert die Auseinandersetzung mit der Literatur und eröffnet neue Perspektiven für die Literaturwissenschaft und die Konsumenten. Auch die veränderten Bedingungen, die sich durch die neuen Medien ergeben, verändern das Wesen der Literaturkritik entscheidend. Waren früher die Worte der „Großkritiker" wie Marcel Reich-Ranicki quasi Gesetz, kann sich der interessierte Leser durch Laienrezensionen im Internet ein erstes Bild von dem Werk machen und so seine Kaufentscheidung beeinflussen.

Wagt man eine Prognose für die zukünftige Entwicklung der Literaturkritik, wird man nicht um den wachsenden Einfluss des Internets herumkommen. Wie auch in vielen anderen Lebensbereichen stellt das Internet schnelle, leicht verständliche und umfassende Informationen zur Verfügung. Diese Leserkritiken geben dem geneigten Leser Orientierungshilfen und befriedigen seine Bedürfnisse nach Informationen in einem stetig wachsenden und nahezu unüberschaubaren Büchermarkt. Es entsteht somit eine Demokratisierung, die umfassenden Einfluss auf die Entwicklung der Literaturkritik hat und ein spannendes neues Forschungsfeld eröffnet, mit dem die Auswirkungen auf Literatur und Literaturkritik untersucht werden können. Neben den Chancen die diese neue Art von Kritiken bietet, bestehen natürlich auch Gefahren, die beachtet werden sollten. Im Internet gibt es keinerlei Voraussetzung für das Verfassen einer Rezension und somit auch weder Kontrolle noch festgelegte Standards. Wer hinter einer Kritik steckt ist nicht erkennbar, was zur Folge hat, dass manipulativ durch besonders positive oder negative Rezensionen in den Erfolg eines Buches eingegriffen werden kann. Ein kritisches Hinterfragen jeglicher Rezensionen bleibt dem Rezipienten also weiterhin nicht erspart. Am Ende erfolgt das

Lesen auf eigene Gefahr. Für den semantischen Überschuss ist allein der Rezipient verantwortlich.

I Anhang

II Quellenverzeichnis

a. Literaturverzeichnis

Baumgart, Reinhard: Fragen der Kritik – zehn Antworten. In: Miller, Norbert/Stolz, Dieter (Hrsg.): Positionen der Literaturkritik. Köln: SH-Verlag 2002. S.162f.

Börsenverein des Deutschen Buchhandels: Buch und Buchhandel in Zahlen 2012. Frankfurt: MVB 2012. URL: http://www.boersenverein.de/ (letzter Zugriff: 30.12.2012)

Buck, Sabine: Literatur als moralfreier Raum?. Zur zeitgenössischen Wertungspraxis deutschsprachiger Literaturkritik. Paderborn: Mentis 2011.

Eco, Umberto: Der Friedhof von Prag. München: Hanser 2011.

Hinck, Walter: Germanistik als Literaturkritik. Zur Gegenwartsliteratur. Frankfurt: Suhrkamp 1983.

Klauser, Rita: Die Fachsprache der Literaturkritik. Frankfurt: Lang 1992.

Köhler, Michaela: Wertung in der Literaturkritik. Bewertungskriterien und sprachliche Ausdrucksmöglichkeiten des Bewertens in journalistischen Rezensionen zeitgenössischer Literatur. Würzburg: Diss 1999.

Löffler, Sigrid: Wer sagt uns, was wir lesen sollen? London: Institute of germanic studies 2003.

Reich-Ranicki, Marcel: Lauter Verrisse. Erweiterte Neuausgabe. Stuttgart: Deutsche Verlagsanstalt 1984.

Rokosz, Anna: Literaturkritik und ihre Wirkung. Zwischen Bestsellerlisten und Laienrezensionen. Marburg: Tectum 2009.

Schumann, K./Träger, Claus: Literaturkritik. In: Träger, Claus (Hrsg.): Wörterbuch der Literaturwissenschaft. Leipzig: VEB 1986. S. 305 – 306.

Winter, Helmut: Literaturtheorie und Literaturkritik. Düsseldorf: Bagel 1975.

b. Rezensionen

Bellgardt, Katharina: Europa der Verschwörungstheorien. In: Fusznote. Universität Bochum. 4/2012. S.26.

Grabowski: Alter Eco. 12.11.2011. URL: http://www.amazon.de/review/RUHFA12NKQ9Q0/ref=cm_cr_pr_perm?ie=UTF8&ASIN=34 46237364&linkCode=&nodeID=&tag= (letzter Zugriff: 21.01.2013)

Jambus: Der Autor, ein Narziss. 18.02.2012. URL: http://www.amazon.de/review/R35O2CYDQTPXJZ/ref=cm_cr_rdp_perm. (letzter Zugriff: 21.01.2013)

Kaube, Jürgen: Der Zettelkasten des Weisen von Mailand. In: Frankfurter Allgemeine Zeitung. 05.10.2011. URL:http://www.faz.net/aktuell/feuilleton/buecher/rezensionen/belletristik/umberto-eco-der-friedhof-in-prag-der-zettelkasten-des-weisen-von-mailand-11483781.html (letzter Zugriff: 04.01.2013)

Klüver, Henning: Signor Zigarrenstummel. In: Süddeutsche Zeitung. 19.05.2010 URL: http://www.sueddeutsche.de/kultur/umberto-eco-signor-zigarrenstummel-1.877125. (letzter Zugriff: 05.01.2013)

Mohr, Peter: Nicht alles in Stein gemeißelt. Zum 80. Geburtstag von Umberto Eco. In: literaturkritik.de. Ausgabe 01/2012. URL: http://www.literaturkritik.de/public/rezension.php?rez_id=16243&ausgabe=201201. (letzter Zugriff: 05.2013)

Schröder, Lothar: Umberto Eco im Erzähl-Labyrinth. In: RP-online. 06.10.2011. URL: http://www.rp-online.de/kultur/buch/umberto-eco-im-erzaehl-labyrinth-1.2260339 (letzter Zugriff: 04.01.2013)

Seibt, Gustav: "Der Friedhof in Prag" von Umberto Eco. Entgifter verlangt Extra-Studium. In: Süddeutsche Zeitung. 07.10.2011. URL: http://www.sueddeutsche.de/kultur/der-friedhof-in-prag-von-umberto-eco-entgifter-verlangt-extra-studium-1.1157648-3 (letzter Zugriff: 04.01.2013)